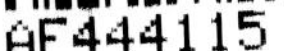

AF444115